Im Jenseits

Führungen einer Seele

Kundgabe eines Jenseitigen
durch
LEOPOLD ENGEL

Vierte Auflage

LORBER VERLAG 7120 BIETIGHEIM

ISBN 387495 002 6

Lorber Verlag, 7120 Bietigheim/Württ.
Gesamtherstellung: Verlagsdruckerei Otto W. Zluhan, 7120 Bietigheim/Württ.

Vorwort

Diese Kundgabe eines Jenseitigen an seinen Sohn entstand im Frühjahr 1921. Sie stellt die jenseitigen Führungen und Erfahrungen eines Abgeschiedenen dar, der im irdischen Leben schon die Neuoffenbarungen durch den prophetischen Mystiker Jakob Lorber (1800—1864 in Graz, Steiermark) kennen und schätzen lernen durfte. Der sich Kundgebende ist der verstorbene Konzertmeister Karl Engel. Schon als Kind hatte er eine besondere Vorliebe für allerhand Künste gezeigt. Als Knabe reiste er mit seinem Vater und seinem Bruder in Holland und gab Konzerte. Die beiden Brüder galten als Wunderkinder. Karl wurde ein hervorragender Violinspieler, der alle technischen Schwierigkeiten leicht bewältigte; er spielte sämtliche Kompositionen von Paganini — ähnlich wie Jakob Lorber — unverändert. Einen Namen machte sich Karl Engel in reiferen Jahren aber auch als Faust-Forscher, er war auf dem Gebiete dieser Literatur eine Autorität. Auch erstreckte sich sein Interesse und Verständnis auf alle Gebiete der Seelenforschung und der Erkenntnis der geistigen Welt.

Um so interessanter dürften für unsere Leser die jenseitigen Erfahrungen dieses bedeutenden Mannes zu lesen sein. Bewahrheiteten sich ihm drüben die im Diesseits durch Seher wie Emanuel Swedenborg und Jakob Lorber gewonnenen Erkenntnisse?

Nach Jakob Lorber gelangen alle Seelen, welche ohne die vollkommene geistige Reife aus dem irdischen Leben scheiden, drüben, zunächst in der Luftatmosphäre unseres Weltkörpers weilend, in eine Art

Traumleben. Sie verlieren der Regel nach die Sehe für die irdische Welt und entwickeln aus den im Leibesleben gehegten Gedanken, Neigungen und Trieben eine von den Schutzgeistern und Engeln Gottes unvermerkt geleitete innere Phantasiewelt, gleichsam wie einen lebhaften Traum. Dieses traumartige seelische Innenerleben gestaltet sich je nach der guten oder schlechten Beschaffenheit der Seele entweder paradiesisch schön und gut — oder höllisch düster und arg.

Sowohl durch die paradiesischen wie durch die höllischen Innenerlebnisse soll die Seele zum Ziele der Vollendung in Gott gereift, das heißt also zur Überwindung aller widergöttlichen Selbstliebe und Selbstherrlichkeit durch die reine Gottes- und Nächstenliebe angeeifert werden. Sträubt sich eine hartnäckig gottfeindliche, selbstsüchtige Seele gegen diese Schule Gottes, so gelangt sie in immer höllischere und peinvollere Innenzustände voll Haß und Zorn gegen Gott und alle Mitgeschöpfe, und das heißt man Hölle. — Folgt sie dagegen dem Engelsruf zum Licht und zur Liebe, dann erlangt sie, sich läuternd, Verbindung mit ihrem inneren Gottesgeistfunken und durch diesen mit der ganzen geistigen und materiellen Schöpfungswelt und darf dann als gereifter Himmelsbürger ihre Seligkeit finden in der Mitarbeit am großen Liebeswerk der Schöpfung und Erlösung.

In dem vorliegenden Büchlein erfahren wir nun von dem abgeschiedenen Erdenpilger seine *seelischen Innenerlebnisse* im paradiesischen Traumleben, wodurch er vorbereitet wurde, um durch höchste, tateifrige Liebe in die Herrlichkeit der Himmel einzugehen.

Es war ihm von der Gnade Gottes vergönnt, durch seinen mit der Gabe des geistigen Hellhörens begnadeten Sohn, LEOPOLD ENGEL, diese Botschaft den auf Erden weilenden Menschen mitzuteilen.

Inhalt

1

Zu Gast in fremdem Lande

Mein lieber Sohn! Du bist bereit zu schreiben, und das erfreut mich ungemein, da ich überzeugt bin, daß meine Erfahrungen auch dir von Nutzen sein werden und anderen. So höre bitte genau zu!

Als ich, wie man sagt, im Sterben lag und auch fühlte, daß es mit mir zu Ende ging, rief ich, wie du weißt, den himmlischen Vater um Hilfe an; denn ich muß bekennen, daß mir der Gedanke denn doch nicht so ganz sympathisch war, von der Erde scheiden zu müssen. Ich wäre ganz gerne wieder gesund geworden und hatte damals keine Ahnung, welche Gnade doch mir eigentlich zuteil wurde, daß ich die für euch so trübe Zeit gar nicht mehr auf Erden zu durchleben brauchte. — Mein Rufen verhallte auch nicht ungehört; denn mir erschien mein Vater, der dir über seinen Hingang doch auch genaue Mitteilungen zukommen ließ, und tröstete mich, wies mich auf den Herrn hin, — und ganz plötzlich fühlte ich, daß mein Körper wie etwas Schweres von mir abfiel und ich ganz frisch und munter dastand. Mein Vater umfaßte mich; mich überfiel eine Müdigkeit, so daß ich nicht mehr recht wußte, was mit mir geschah, sondern empfand nur, daß ich emporgehoben und fortgeführt wurde.

Als sich meine Sinne wieder sammelten und ich meine Umgebung erkannte, befand ich mich in einem schönen Garten. Mein Vater stand neben mir und begrüßte mich freundlichst. Ich sei jetzt von der Welt abgeschieden, sagte er, und in seinem Heim, in dem ich vorläufig bei ihm bleiben solle. Natürlich war ich sehr erstaunt über diese Worte, noch mehr aber darüber, daß mein Vater tatsächlich ein solches Haus bewohnte, wie er es dir damals beschrieb, nur war es jetzt bedeutend größer als die Beschreibung damals angab, schön eingerichtet und von einem großen Garten umgeben, der blühende und Früchte tragende Bäume, Sträucher und allerhand Pflanzen enthielt. Hier fand ich auch meine verstorbene Mutter vor, die erste Frau, nicht deren Schwester, Vaters zweite Frau, sowie meine Schwester Wilhelmine. Die anderen leben nicht bei ihm, auch Friedrich, mein Bruder nicht.

Ich blieb längere Zeit dort in herrlicher Ruhe und Harmonie, erkannte dann aber immer mehr, daß dieser Zustand doch nicht immer so bleiben könne, und daß ich nicht untätig bleiben solle. Die Schwächen des Alters waren ja von mir gewichen; ich fühlte mich stark und regsamen Geistes, wußte aber noch nicht, wie es anzufangen sei, selbständig zu werden. Das wundert dich. Ich hatte doch die neuen Offenbarungsschriften* gelesen und konnten mir eigentlich die verschiedenen Zustände des Jenseits doch gar nicht unbekannt sein; aber das Ding hat einen großen Haken.

Stelle dir vor, du schreibst viele Geschichten, die auch alle mehr oder weniger gute Lehren enthalten, du hast auch Schriften vorzüglichen Inhalts geschrieben voller Lebensweisheit, lehrst Selbst- und Menschenkenntnis, und doch *handelst* du oft recht verkehrt, weil Theorie und Praxis zweierlei ist. So erging es auch mir. Du hast dich manchmal geärgert, wenn ich keine Neigung hatte, die Geschehnisse des Evan-

*durch Jakob Lorber, E. Swedenborg u. a.

geliums auch auf jetzige Dinge des Spiritismus zu übertragen, da doch viel Gleiches auch heute geschieht. Du hattest damit nicht unrecht; denn diese Erkenntnis mußte ich mir jetzt erst drüben erwerben. Ich sagte mir aber, wenn ich den Herrn recht von Herzen bitte, mir die rechte Erleuchtung und Hilfe zu geben, so werde ich sie gewiß erhalten. Ich wandte mich daher auch voller Hingabe an diese einzig richtige Quelle und hoffte, den Herrn Selbst bald sehen zu können. Letzteres geschah aber nicht, trotz meines Bittens. Der Großvater hatte doch damals den Herrn Selbst gesehen, wie er dir mitteilte, warum ich nicht? Das ging mir sehr durch den Kopf; ich fand jedoch keinen Aufschluß darüber.

Als ich nun im Garten mich zurückgezogen hatte und recht von Herzen um Erleuchtung bat, da hörte ich meinen Namen rufen. Ich sah auf und bemerkte wenige Schritte von mir meinen alten, dir bekannten Freund Thieme, mit dem ich schon in Petersburg eng befreundet war. Er eilte auf mich zu, wir umarmten uns und freuten uns sehr, daß wir uns wiedersahen.

Er erklärte mir, daß er den Auftrag habe, mir Aufschlüsse zu geben über vieles, was mir not täte und wolle mit mir eine kleine Reise antreten, in der er mir als Führer dienen wolle.

Zuerst ging die Reise nach seiner eigenen Behausung, die er, wie er sagte, durch seine Willenskraft mit der Gnade des Herrn errichtet habe. Es war ein Gebäude ungefähr im Aussehen der Greifenburg, nur architektonisch schöner gebaut, in dem er eine Art Gasthaus für Durchreisende eröffnet hatte. Das wird dich wundern; denn ein Gasthaus im Geisterlande erscheint ein Unding, — und doch ist es so.

Überlege dir, wieviele Seelen hier ankommen voll innerer Unruhe und Unrast. Sie haben keinen andern

Gedanken, als nur vorwärtsstürmen, andere Menschen und Gegenden sehen. Sie sind nicht schlechte Menschen, wurden auf Erden wie Gefangene gehalten mit der ewigen Sehnsucht im Herzen, aus ihrem engen Kreis herauszukommen. Nun fühlen sie sich frei, wollen sich austoben, ja sie wissen auch meist, daß sie von der Erde losgelöst sind. Solche Menschen gibt es viele, Weltenbummler, reiche Leute, die es nirgends lange aushielten, weil sie eigentlich nichts zu tun hatten, dann Gelehrte, die da glaubten, alles Heil liege im Erforschen fremder Gegenden. Allen diesen muß Gelegenheit gegeben werden, sich selbst zu beweisen, daß bei diesem Umherbummeln nichts herauskommt; sie müssen sich den Kopf einrennen, damit sie nachdenken und müssen allmählich eines Besseren belehrt werden.

Da sind nun die Gasthäuser ein Werkzeug, um sie zur Einkehr in sich selbst einzuladen; denn sind sie erst einmal äußerlich eingekehrt, so kommen sie ganz so schnell nicht wieder los. Wohl oder übel müssen sie sich den Gebräuchen dieser Gasthäuser fügen. Es werden dort Versammlungen, Vorträge und allerhand Vorführungen veranstaltet, die auf das geistige Ich des Menschen hinweisen und zum Nachdenken zwingen, wenn die Sucht etwas abgeflaut ist. Andere erhalten Weganweisungen, die wieder ihrer Unrast ein Hindernis geben und sie manchmal in verzwickte Situationen bringen, aus denen ihnen aber stets herausgeholfen wird.

Thieme nun war stets ein Mensch, der gerne aus Menschenliebe anderen mit Rat und Tat (auf Erden fiel ihm letzteres sehr schwer, da er ein armer Musikant doch nur war) zur Seite stand; daher war er für diesen Posten sehr geeignet und er zeigte mir viel Interessantes, wie er wirken durfte und Erfolge erzielte.

Du weißt, daß ich auf Erden an einer mich oft hemmenden Schwerfälligkeit litt, wenn es darauf ankam, andere zu belehren. Du bist darin von jeher fixer gewesen; ich aber konnte es nicht, fand nicht die rechten Worte und sagte daher meist: „Das muß man selbst lesen!"

Nun durch das Beispiel, das mir bei Thieme wurde, der ja eine ganz vorzügliche Rednergabe schon auf Erden besaß, wurde ich von meiner Schwerfälligkeit befreit. Mir wurde das auch viel leichter, da ja körperliche Hindernisse nicht mehr vorlagen und ich nur einige Übung im Hinaustretenlassen meiner Gedanken brauchte, um ebenfalls ein guter Redner zu werden. Ich bin es also dort geworden und werde es bleiben. — Aber noch andere Dinge lernte ich dort. Auf Erden behagte mir keineswegs die Gesellschaft aller Menschen. Das ist auch verständlich, denn die Menschen sind ja durchaus nicht alle so, daß ein Umgang mit ihnen wünschenswert ist; aber man soll doch stets im Menschen den Menschen sehen, seinen Nächsten, sich nicht besser dünken als ein anderer und im pharisäerhaften Dünkel sagen: „Ich danke dir, mein Gott, daß ich nicht bin wie jener." — Wenn ich nun nicht gerade von mir sagen kann, daß ich an Überhebung litt, aber so etwas wie das Hochgefühl eines besseren Ichs war doch in mir. Dadurch wird man hart gegen andere, die einem nicht passen, und ich muß bekennen, daß ich manchen armen Teufel, der sich mir auf Erden näherte, schroff abwies, was ich nicht hätte tun sollen. Worte wie „Arbeiterpack", „Bummler", „Landstreicher" war mir im Bewußtsein des wohlhabenden Pensionärs geläufig und ich bereue heute aufrichtig und tief.

Bei Thieme kamen nun die sonderbarsten Käuze, Landstreicher, Bummler, Gelehrte, Fürsten, seelisch

Gebrechliche (über diese später viel Aufklärendes) zusammen. Ich lernte mit allen verkehren, sie unterrichten, liebevoll behandeln und auch sie unterstützen, soweit es notwendig wurde. Kurz, bei Thieme machte ich eine Lehrzeit durch, die mir segensreich und freudvoll wurde.

Eines Tages sagte mir nun Thieme: „Es ist Zeit, daß du jetzt etwas anderes kennenlernst, lieber Karl, denn ohne weitere Kenntnisse bleibst du stehen und kommst zu keinem eigenen Heim, das jeder Geistmensch aber erstreben und besitzen soll. Hier ist es nicht wie auf Erden, wo das Geld allein die Möglichkeit gibt, sich ein Heim zu schaffen; bei uns vertritt das Geld die geistige Kraft in der Liebe zum Herrn. Wer diese entwickelt, besitzt alles; wem sie fehlt, ist ein armer Schlucker! — Also denke jetzt daran, daß du deine geistigen Kräfte entwickelst, dann wirst du ein Schöpfer im Kleinen und bist auf dem Wege, Gott ähnlich zu werden!"

Diese Worte erfaßte ich natürlich voll und war gerne bereit, die Wege zu gehen, die mir Thieme zeigen würde. Ich muß dir aber vorher noch einige Mitteilungen machen über das, was ich bei Lebzeiten nicht klar erkannte und was auch dir noch unklar ist, — das ist das Wesen der Sphäre.

Die Sphäre ist der Einfluß, den jede Seele auf ihre Umgebung jederzeit ausübt, aber dieser Einfluß ist bestimmten Gesetzen unterworfen. Das erste Gesetz in der Geisterwelt lautet so, wie du es bereits erkannt hast: „Das Gleiche zum Gleichen!" Also kann auch eine Seele nur Einfluß ausüben auf andere Seelen, die einesteils ihr gleichgesinnt und damit auch imstande sind, das zu verstehen, was dieser Einfluß bezweckt. Nun besteht aber das zweite Gesetz: „Niemand kann der Vollendung sich nähern, wenn er nicht stufenweise derartig aufsteigt, daß die überwundene Stufe auch gänzlich durchdrungen und in allen Teilen sein geistiges Eigentum geworden ist!"

Um nun in niedere und auch höhere Stufen einzudringen, ist eine Leitung notwendig; denn aus sich selbst heraus kann niemand ein Mathematiker werden, er braucht dazu einen Lehrer. Diese Lehrer überwachen einzelne Gruppen, schließen sie in ihren Machtbereich gewisserart ein und bilden so eine bestimmte Sphäre. In einer solchen gibt es natürlich Zufluß und Abgang. Wer zum Lehrer berufen wird, untersteht aber einem andern, von dem er lernt, dem er aber auch entwickeltere Seelen überweist, falls die ihm zugeführten ihn selbst überflügeln. Natürlich will jeder fortschreiten und dadurch dann seine Sphäre erweitern. In dem eigenen Fortschritt und der Erweiterung der eigenen Sphäre liegt die Gnade des Herrn, Selbstschöpfer zu werden. Ohne Arbeit aber kein Preis! Ich bin nun im Besitze einer selbstgeschaffenen Sphäre, in der gewisserart eingeschachtelt eine ganze Anzahl kleinerer Sphären liegen, die ich meinen Schülern überwiesen habe, überweisen mußte, da ich selbst doch fortschritt und die Arbeit der vorgeschrittenen Seelen so anzuleiten habe, wie ich selbst sie lernte. Dir wird das noch klarer werden, wenn ich dir den weiteren Fortgang meiner Entwicklung mitteile. —

2

Wanderung und Einkehr

Als Thieme mich aufforderte, doch nun mit ihm zu gehen, meinte er gleichzeitig, daß wir uns nun längere Zeit nicht mehr sehen würden, denn er könne, wenn er mich verlassen haben würde, nicht sogleich wieder zu mir kommen und müsse sein Haus weiter verwalten. Mich machten diese Worte stutzen, denn ich erwartete doch, mit ihm zurückkommen zu können, und nicht, daß er mich allein lassen wolle. Ich hatte ja keine Ahnung, daß ein solches Reisen jetzt ein Eingehen in eine andere Sphäre bedeutet, und daß demzufolge seine Worte diesen Sinn einschlossen. — Also, wir verließen sein Haus und wanderten bei hellem Sonnenschein in eine wunderbar schöne Gegend hinaus, wie ich bisher noch keine gesehen und an der ich eine herzliche Freude hatte. Du bist in Norwegen gewesen und hast dort die reine, unberührte Natur kennengelernt. Stelle dir nun ein Land vor — noch viel schöner, großartiger und gewaltiger in seinem Aufbau mit geradezu überwältigend schönen Fernsichten, und du hast dann eine Ahnung von der Herrlichkeit, die ich zu sehen bekam. Ich war hingerissen und konnte nicht weitergehen. Tränen traten mir in die Augen über diese großartige Schöpfungskraft Gottes, und ich mußte im stillen Gebet meine Empfindungen sammeln, die mich sonst geradezu zu Boden geworfen hätten.

„Es ist recht so, Karl", sagte da Thieme, „daß der Anblick dieser herrlichen Gegend deine Gedanken auf den Herrn richtet, daß du in diesen herrlichen Schöpfungen Seine Weisheit und Liebe erkennst; aber weißt du auch, was du eigentlich in diesen Bergeszügen, Tälern, Wäldern und eisgekrönten Gipfeln siehst?" — Ich sah ihn verwundert und fragend an.

„Alle diese Dinge stellen dir dar die Herrlichkeiten Seiner offenbarten Wahrheiten, deren Hören allerdings den Menschen tief rührt, aber die an sich nur einer schönen, wunderbaren Gegend gleichen wie diese, — wenn der Mensch nur durch das Anschauen allein wohl die Schönheit, die wunderbare Schöpfung eines mächtigen Gottesgeistes empfindet, nicht aber, wie derselbe in dieser waltet, wie er sorgsam jedes Keimlein pflegt, ausbildet und mit dem wahren Lichtbalsam seines innersten Wesens erfüllt. Ja, das ist dann wohl sehr überwältigend, — bringt den Menschen aber nicht weiter; dieser gleicht dann einem Wandersmann, der immer nach weiteren Schönheiten, nach neuen schönen Gegenden sucht und dabei ganz vergißt, sich heimisch zu machen an einer schönen, selbstgewählten Stelle, dort sein Haus zu errichten und von diesem aus nun die ihm zugängliche Gegend gründlichst zu erforschen und zu beackern. Sieh einmal, Karl, du hast nun die herrliche Landschaft schon auf Erden gehabt, du hast in den Offenbarungen gelesen, geschwelgt; aber was hast du denn eigentlich dadurch errungen? Bist du nicht auch nur ein Wandersmann gewesen, der sich nie besonders um andere, die des Weges kamen, kümmerte, dem es unangenehm war, in seinen Betrachtungen der herrlichen Gegenden gestört zu werden und sich womöglich verbarg, wenn er die Tritte eines Näherkommenden hörte, der sich der Gegend unkundig zeigte und gerne den rechten Weg gewiesen haben wollte? Und dann, wie war es denn mit der Nutzanwendung? Machte dich das Betrachten der schönen Gegend auch weicher, mitteilsamer, geduldiger, nachsichtiger und vor allen Dingen liebevoller? Oder bliebst du nur der egoistische Genießer, nicht aber der freudige Täter, Helfer und Förderer, der da nie von sich sagt: ‚Ich habe genug gearbeitet!'? Was meinst du nun dazu?

Mir fielen Thiemes Worte wie Steine auf mein Herz. Mir schien es, als würde die erst so sonnenklare, wundervolle Gegend immer dunkler, fiele in Dämmerung und würde ganz finster werden. Eine unsägliche Lebensangst überfiel mich. Ich klammerte mich an den mir so nahestehenden Thieme fest an und rief laut: „Freund, Bruder, deine Worte lassen mich die Dunkelheit sehen, in der ich bisher gelebt habe! Du bist der weit Vorgeschrittene, ich habe das längst erkannt; du kannst mich auch zu der Tätigkeit einführen, deren ich so dringend bedarf. Verlasse mich nicht, zeige mir vor allen Dingen den Weg, der am schnellsten zum Herrn führt, damit ich jetzt nicht nur Hörer und Lehrer Seiner Wahrheiten bin, sondern vor allen Dingen ein tätiger Vollbringer. Ich bitte dich um unseres Vaters Jesu willen!"

Thieme schloß mich fest in seine Arme, und ich hörte, während ich mein Gesicht an seiner Schulter barg, ihn laut beten und den Herrn bitten, mir Kraft und Erleuchtung zu geben.

Da wurde es wieder um mich hell und klar. Ich betete aus vollem Herzen mit ihm, und in noch strahlenderer Pracht sah ich jetzt ringsum die Höhen und Täler erglänzen.

Wir standen auf der Höhe eines mittleren Berges. Unter uns war ein lachendes Tal, durchzogen von einem klaren Bach. Unendlicher Friede schien dort zu herrschen. Die Fülle der Gewächse, Bäume und Sträucher, die teils voller Früchte hingen, rief uns geradezu die Aufforderung entgegen, hinabzusteigen, zu essen und zu ruhen.

„Laß uns dorthin hinabgehen!" meinte Thieme.

„Wir wollen uns dort über den weiteren Weg beraten." — Ich war das gerne zufrieden, und wir stiegen hinab.

Es war ein überraschend schönes Tal, in das wir nun gelangten, dessen Schönheiten aus der Höhe gar nicht so wahrgenommen werden konnten, wie nunmehr unten. Ich empfand es als Wohltat, mich in dem hohen Gras niederzulegen und die wunderbare Stille und Ruhe auf mich einwirken zu lassen. Ein merkwürdiges Heimatgefühl erfaßte mich, als gehöre ich gerade hierhin, und als sei dieser Grund und Boden mein Eigentum. Es war eine ganz merkwürdige Empfindung, die mich erfaßte und schweigsam machte.

Thieme beobachtete mich lächelnd und sagte endlich, mich leise berührend: „Nun sage mal, Karl, wie gefällt es dir hier?" — „Wunderbar! Mir ist, als sollte ich nie wieder von hier fortgehen!"

„Daran hindert dich ja nichts. In dem jetzigen Zustand verjagt dich keine kalte, bittere Jahreszeit, kein Sturm, kein Regen. So wie sie jetzt ist, bleibt die Gegend dir erhalten; also zwingt dich auch nichts, sie zu verlassen. — Aber schließlich würde das Verweilen dir doch entsetzlich langweilig werden; meinst du nicht?"

„Selbstverständlich will ich arbeiten, etwas tun, gemäß dem Willen des Herrn. Ich denke, du wirst mir angeben, was ich am besten anfange!?" antwortete ich.

„Höre einmal, mein lieber Freund, ich denke, das brauche ich dir gar nicht zu sagen; das mußt du selbst wissen! Violinspielen ganz allein, ohne Zuhörer, dürfte dich hier wenig erfreuen; wenn wir ja auch Musik und Kunstfertigkeiten der freien Künste sehr schätzen, sogar pflegen, so ist doch mit diesen allein auf die Dauer hier nichts anzufangen. Bei uns heißt es: praktische Arbeit leisten, wie du sie bei mir kennengelernt hast; also fange damit an!"

„Werden denn nach dieser, wie mir scheint recht unbekannten Gegend auch andere Seelen kommen?“ fragte ich.

„Es kommen überall Seelen dorthin, wo sie Aufklärung zu erhalten hoffen und der magnetische Liebeseinfluß sie hinzieht. Namentlich auf letzteren kommt es an; denn ohne denselben kannst weder du dich ihnen, noch sie sich dir nähern. Das Weitere wird dann von denen geleitet, unter deren Führung du selbst stehst. Wenn du dieses geheimnisvolle Gesetz der Liebesbetätigung kennst und befolgst, so hast du eigentlich so ziemlich alles, was Leben und Tätigkeit bedingt. Auch Gott kannst du dich nicht anders nähern, und Er wird Sich dir nicht kundgeben, wenn du Ihn nicht durch den Magnetismus deiner Liebe anziehst. Also handle danach, und du besitzest bald alles!“

Als Thieme so zu mir sprach, war mein Entschluß auch sofort gefaßt. „Ich bleibe hier, mein lieber Freund“, sagte ich, „und werde mit aller Kraft versuchen, mir hier das Heim zu schaffen, von dem du sprachst und das ich von ganzem Herzen mir und andern zu erbauen wünsche. Ich merke sehr wohl, daß es im Geisterlande denn doch etwas anders zugeht, als ich mir auf Erden gedacht habe, und daß man zuerst an regsame eigene Arbeit denken muß, ehe einem das Weitere zufällt. Habe ich auf Erden da manches versäumt, so werde ich aber jetzt um so regsamer sein. Darüber viel zu reden, mit guten Absichten zu prahlen, hat keinen Sinn, — Taten beweisen! So sage mir bitte jetzt vor allen Dingen, wie fange ich es an, mir zunächst ein Häuschen zu erbauen; denn Maurer und Zimmermeister war ich nicht, ahne aber, daß man hier auch beides sein kann, ohne diese Handwerke überhaupt gelernt zu haben.“

„Da hast du sehr recht, mein lieber Karl!“ rief Thieme lachend. „Auch ich habe beides nie gelernt und besitze nun doch ein wunderschönes Heim; also wirst du das auch dir beschaffen können.

Höre nun einmal aufmerksam zu und wundere dich nicht, daß ich über diese Dinge bisher noch nie mit dir sprach!

Es ist *auch* ein Gesetz des Geisterlandes — oder, besser gesagt, hier im wirklichen Lebensdasein —, daß einer Seele erst dann die ihr nötige Belehrung gegeben wird, wenn sie derselben bedarf, und wenn sie diese auch *selbst* wünscht. Wir drängen hier nie einer Seele eine Erkenntnis oder Kenntnis auf, wenn sie nicht selbst Verlangen danach hat. Dieses Gesetz, begründet durch die umfassende Wirkung des freien Willens, verschuldet es ja, daß Geister so ungemein lange oft auf einer niederen Stufe stehen bleiben, weil sie eben das Verlangen nach einer höheren Erkenntnis noch nicht haben. Es muß erst erwachen, dann erst kann das Verlangte, womöglich heiß Ersehnte, gegeben werden. So ist es jetzt auch mit dir. — Nun, mein lieber Karl, frage ich dich, was ist die sichtbare Schöpfung Gottes in ihrem Urgrunde?“

„Zweifellos der gefestete Wille unseres Herrn und Vaters, der sich in Jesus Christus offenbarte als alleiniger Schöpfer Himmels und der Erde.“

„Gut geantwortet! Wenn nun aber der Herr allein aus Seinem Willen heraus das vermag und uns die Verheißung gab, daß wir dasselbe, sogar Größeres würden leisten können, als Er auf Erden tat, und auch Er Seine Wundertaten lediglich durch Seinen Willen verrichtete, so ist doch klar, daß wir denselben Weg beschreiten müssen, wenn wir etwas erzielen wollen. Die Tätigkeit des Willens allein ist imstande, alles Material, dessen du bedarfst, zu schaffen. Brauche also deinen Willen, so wirst du erhalten, was du brauchst!"

Ich war über diese Worte sehr verwundert und antwortete: „Mein Wille allein ist doch zu schwach; nur, wenn der Herr es will, werde ich erst etwas erreichen können, sonst doch nicht? Wir beten doch: Herr, *Dein* Wille geschehe, der meine nicht?" — Thieme sah mich mit einem unbeschreiblichen Blick an, der mir die Empfindung verursachte, als habe ich etwas sehr Dummes gesagt, und ich glaubte doch, eine fundamentale Wahrheit ausgesprochen zu haben.

„Mein lieber Karl", redete mich nach einer Pause Thieme an, „es ist ganz merkwürdig, was für total verkehrte Begriffe unter den Menschen und besonders den Theosophen über die Grundursache des Aufgebens des eigenen Willens und Eingehens in den Willen des Herrn herrschen, und ich weiß, daß du darüber auch noch keine Klarheit hast; ohne diese wird dir aber hier gar nichts gelingen, und ohne gewaltige Anstrengung deines eigenen, vom Herrn völlig unabhängigen Willens wirst du noch nicht einmal imstande sein, dir nur eine Hundehütte zu erbauen!

Es ist eine Selbstverständlichkeit, daß alles vom Willen des Herrn abhängt; aber es ist auch eine Selbstverständlichkeit, daß der Herr dem Menschen nicht einen eigenen Willen gegeben hat, nur damit er ihn aufgibt. Hat der Mensch einen freien Willen erhalten, so hat er ihn auch auszubilden und anzuwenden gemäß den Gesetzen, die der Herr uns deutlich vorgeschrieben hat, und die, was ebenso selbstverständlich ist, dazu gegeben wurden, um den freien Willen von vornherein in eine Richtung zu lenken, die nicht imstande ist, etwas dem Willen des Herrn Entgegengesetztes zu tun. Ist aber letzteres erst einmal erkannt und die Erfüllung der Gottesgesetze in Fleisch und Blut übergegangen, so sind die Worte von der steten Aufgabe des eigenen Willens in den des Herrn nur eitle Phrase; denn gerade das will der Herr *nicht!* Was Er aber will, ist: — ‚Sei ein Selbstschöpfer, wie Ich Selbst es bin; denn nur dadurch kannst du, o Mensch, Mir ähnlich werden! Strenge die dir verliehenen Kräfte, die in dem in dir herrschenden persönlichen Willen liegen, gründlichst, unabhängig von Mir, aber in Richtung der dir bekannten Gottesgesetze an; zeige Mir dann deine Schöpfung, damit Ich eine wirkliche Freude an dir habe und dich einen getreuen Knecht nennen kann, der mit dem ihm anvertrauten Pfunde reichlich gewuchert hat! Vergräbst du aber dein Pfund des schaffenden eigenen Willens, so werde Ich dich von Mir weisen', sagt der Herr; ‚denn du bist nicht imstande, Mir auch nur den kleinsten Beweis eigener Tätigkeit zu geben!' — Verstehst du das, Karl?"

„Gewiß, aber mir scheint, als beweise doch die Aufgabe des eigenen Willens eine große Demut." — —

„Ja, eine große Faulheit und Unwissenheit, die nur darauf hinausgeht, von sich selbst möglichst jede Verantwortung für das zu Tuende abzuschütteln! Sage einmal, *wer* wird dem Herrn angenehmer sein: der da stets mit der Phrase kommt ‚Ich tue nichts, wenn mir nicht der Herr sagt, tue das und das!' oder der da kräftig zugreift, wenn es darauf ankommt, etwas zu leisten, und sich nicht scheut, einmal auch ohne jede Absicht etwas verkehrt zu machen!? Der eine ist ein Sklave, der andere ein eifriger Arbeiter, dessen etwaiger Fehler leicht verbessert wird, sobald er darauf aufmerksam gemacht wurde. Dem einen hilft der Herr nicht, weil Er ihm sonst nur seine Trägheit und seinen Unverstand stärken würde, der andere schreitet durch Erfahrung und gewordene Belehrung schnell vorwärts. — Bei uns im wahren Lebensdasein ist es so und nicht anders."

„Nun gut", antwortete ich, „so werde ich auch nach diesem waltenden Gesetz handeln! Verstehe ich dich recht, so muß ich meinen Willen auf die bereits bestehenden Gesetze, die der Herr ja zum Wohle aller gegeben hat, richten und sie dadurch nach meiner Willensrichtung hinlenken. Dadurch muß dann eine neue Arbeit geleistet und vollendet werden, die nie und nimmer *gegen* den Willen des Herrn gerichtet sein kann; denn Seine Gesetze, deren Wirkung wir benutzen können und sollen, sind ja *innerhalb* Seines Willens, die zu gebrauchen wir lernen sollen, um dadurch Selbstschöpfer zu werden. Ist es so?"

„Du hast die Sachlage vollständig begriffen, wende also diese Gesetze an! – Ich will dir ein Beispiel davon geben:

Sieh diese sehr schöne Gegend! Wie bereits gesagt, ist sie in der Entsprechung nichts anderes als die sich dir darstellende Schönheit der Offenbarungen des Herrn. Jeder Gedanke stellt sich bei uns in irgendeiner plastischen Hülle dar, an deren Äußerem wir erkennen, wes Geistes Kind er in sich selbst ist; daher erkennen wir ja auch sofort die innere Beschaffenheit der sich uns nähernden Seelen, die nichts mehr, nach Ablegung ihres als Maske dienenden Körpers, uns verbergen können. Diese Gedanken sind an keine feste Form gebunden, sondern verändern diese je nach dem Fortschritt, den der Gedankengebärer macht; sie sind auch nichts Reales, sondern nur phantomhaft und damit auflösbar und zerstörbar. Anders ist es mit den Gedanken Gottes, die stets sich in einer Realität, die unzerstörbar ist, bewegen und auch durch und im Menschen wirken, sobald er sie erkannt und angenommen hat als Wahrheiten, die aus dem Ewigkeitsborn fließen. Daher wird auch diese Gegend, die deiner Erkenntnis vollkommen entspricht, für dich eine vollkommene Realität, kurz sie ist deine höchst eigene Sphäre, die dir dies merkwürdige Heimatgefühl erzeugte, das dich beim Erblicken überfiel. Daß ich genau dasselbe sehe, also in deine Sphäre eintreten kann, liegt einfach an unserer gleichen Erkenntnis, die im Allgemeinen sich völlig deckt, wenn sie sich auch in Einzelheiten verschieden zeigt. Wäre das nicht der Fall und würden unsere Charaktere nicht Verschiedenheiten zeigen, bei sonst ganz gleichem Streben, so würden die einzelnen Sphären sich gleichen wie ein Ei dem andern. Ich brauche die Verschiedenheit und deren Notwendigkeit nicht erst zu erörtern; jeder denkende Mensch kennt ihre Grundursachen.

3

Das eigene Heim

„Also achte jetzt einmal genau auf ! Stelle dir lebhaft im Geiste ein Haus vor, wie du es dir zunächst wünschen würdest, halte das Bild fest bis in alle seine Kleinigkeiten und erfülle dich mit dem Wunsche, dieses Bild in Wirklichkeit entstehen zu lassen! — Hast du das getan?"

Ich konnte diese Frage bejahen, denn merkwürdigerweise stellte sich mir — wie man sagt, zum Greifen deutlich — das kleine Häuschen in Oldenburg vor mein Erinnerungsvermögen, in dem ich meine erste Jugendzeit verbrachte und dessen Bild ja noch in deinem Besitz ist. Ich sah es mit allen Einzelheiten, wie auch du es dir wirst vorstellen können, da du es kennst und es betreten hast. — Thieme sagte nun weiterhin:

„Jetzt wende dich im innersten Herzen an den Herrn, bitte Ihn um Kraft und Segen für deine Arbeit und namentlich um Stärkung deines eigenen Willens!“

Auch das tat ich. „Nun errege deinen Willen so stark wie du kannst, erfülle dich mit fester Zuversicht, daß er imstande ist, die Materie zu meistern, und wolle, daß das dir in der Seele haftende Bild sich plastisch darstelle an dem Orte, wo du es verwirklicht haben willst!“ mahnte Thieme.

Ich folgte diesen Worten. Ein starker Impuls durchflutete mich, ein Kraftbewußtsein entstand in mir, wie es auch manchmal auf Erden den Menschen erfaßt, eine Zuversicht erfüllte mich, wie ich sie bisher noch nie empfunden, eine felsenfeste Überzeugung, daß mir mein Unternehmen glücken wird, — und siehe da, mitten auf einem Wiesenplan, den ich bereits erwählte, entstand zuerst wie ein Nebelgebilde in durchsichtigen Umrissen das Häuschen, wie ich es mir gedacht hatte, wurde immer deutlicher, je mehr ich meinen Willen anstrengte, und stand schließlich fix und fertig, als hätten die besten Handwerker es erbaut, greifbar und massiv an Ort und Stelle.

Als das Gebäude sich vollständig gebildet hatte, sagte Thieme: „So, jetzt gehen wir hinein und überzeugen uns von der Realität dieses Hauses!“

Wir taten das, und ich kann nur sagen, daß auch alles bis auf das kleinste so vorhanden war, wie ich es in der Erinnerung aus meiner frühesten Jugendzeit hatte.

Wir begaben uns wieder ins Freie.

„Du bist jetzt, wie man sagt, gut untergebracht, lieber Karl“, meinte Thieme, „und ich kann dich weiterhin deiner eigenen Erkenntnis und Tätigkeit überlassen. Das Rezept, nach dem du zu handeln hast, kennst du genau, du weißt auch, wie du dir teure oder weniger angenehme Seelen an dich heranziehen kannst. Fernerhin ist dir genau bewußt, wie du dich dem Herrn nähern kannst; also fehlt dir gar nichts mehr zum eigenen Fortschreiten, und ich kann mich ruhig nach meinem Wirkungskreis zurückbegeben und dich allein lassen."

„Das letztere bedauere ich sehr, denn ich bleibe doch immerhin dein Schüler, und mir wird der treue Berater fehlen. — Wir sehen uns doch wieder, Thieme?"

„Selbstverständlich! Jederzeit können wir uns sehen, du brauchst ja nur zu wollen. Der Wille ist hier überall der Hebel und löst jede Tätigkeit, jedes Zusammentreffen, jede ins Auge fallende Erscheinung aus, das weißt du jetzt. Also werde und bleibe willensstark im Geiste des Herrn und Schöpfers aller Dinge, so gelingt dir auch alles!"

„Dein Rat wird mir aber dennoch fehlen!" meinte ich.

„O nein, denn du hast einen ganz anderen Berater, an den du dich wenden mußt, den du kennst, und an den du dich noch nicht so recht herangetraust, trotzdem du Ihn sehr wohl kennst. Bevor du nicht diese mir nicht ganz angenehme Scheu überwindest, bevor du nicht im innersten Wesen dich Ihm tatsächlich ganz ergibst und Ihn mit aller Sehnsucht anziehst, wird Er sichtbar Sich dir auch nicht zeigen. Gerade weil du Seine Offenbarungen kennst, hast du es schwerer als andere, denen sie fremd blieben. Wem viel gegeben, von dem wird auch viel gefordert. Seelen, die guten Herzens sind, wenn auch noch in Unwissenheit stehend, kann sich der Herr weit eher zeigen aus Gnade und Barmherzigkeit als solchen, die Sein Wesen kennen, es trotzdem aber noch nicht fertigbringen, Ihn in wirklicher Sehnsucht heranzuziehen.

Es ist das ein eigen Ding mit dem Wissen und voll Ausführen einer Seelenempfindung. Es gibt da so viele feine Unterschiede, die zu Hemmungen führen können, daß du noch, bei weiterer Erfahrung, aus der Verwunderung gar nicht herauskommst. Glaube mir, es gibt auch hier eine große Anzahl Seelen, die die neuen Offenbarungen auf Erden völlig kennenlernten, von ihren Angehörigen und Mitgläubigen als Borne der Weisheit angestaunt wurden und sich nur zu sehr in dem Wahne eigener Vortrefflichkeit wiegten, und die noch alle eine recht harte Schule der Selbstverleugnung durchzumachen haben, noch weit davon entfernt sind, den Herrn nur zu sehen, geschweige in Seiner Gemeinschaft zu leben, wie sie sicher dachten. Warum aber? Weil sie im Grunde ihres Herzens den Herrn nur um ihrer selbst willen lieben, nicht aber wahrhaft in der Entäußerung jeder Selbstliebe. Sie wollten als Auserwählte des Herrn anerkannte Führer des Volkes, der einzelnen Brüder sein, um reiche Ernte an Bewunderung einzuheimsen. Diese Seelen bezahlten sich selbst durch ihre Sucht, lebten sich in eine Art Größenwahn hinein und wollten, mehr oder weniger unbewußt, nicht Förderer der Sache Gottes sein als vielmehr Vertreter und Anbeter einer egoistischen Selbstherrlichkeit. Sie sind Luzifers Kinder, nicht Gotteskinder; sie sind befleckten Herzens, leben in Selbsttäuschung, Überhebung, sind fromm in Äußerlichkeiten und bedenken nicht, daß ein frommes, wirklich Gott ergebenes Gemüt keinerlei äußere Anerkennung erstrebt, daß ihm diese sogar höchst unangenehm ist und treue Pflichterfüllung einer solchen Seele höher steht als alles Lob der Welt, der Glaubensgenossen. Denke daher daran, nur dem

Herrn allein zu gefallen, nicht mehr durch in diesem Wunsche bedingte Taten, sondern durch selbstverständliches Erfüllen Seiner Gebote, wobei du von vornherein auf jeden Dank und Anerkennung verzichtest, gar nicht an diese Wirkung denkst!"

Thieme umarmte mich, ich ihn, dann drückten wir uns stumm die Hände; er winkte mir ein Lebewohl zu, wandte sich und war schnell verschwunden. Ich aber ging in mein selbstgeschaffenes Häuschen, in mein neues Heim, um mich dort einzurichten.

Es gefiel mir in dem Häuschen recht gut. Alle Erinnerungen meiner Kindheit tauchten wieder auf, und ich kann sagen, daß ich in kurzer Zeit nochmals alle Jugendjahre durchlebte, denn, wie bereits von Thieme erklärt, stellen sich hier alle Gedanken plastisch dar, ungefähr wie im Traume, nur weit wesenhafter, was im Traume ja fehlt. Der Traum ist *auch* ein Gebilde der Seele, wenn auch ohne Realität, das heißt ohne greifbare Darstellung; der Gedanke im Jenseits hat aber Schöpferkraft, wenn auch das Gebilde sich in seine Urelemente wieder auflöst. Wer nun kritiklos sich stets seinen Gedanken hingibt, lebt in einer Phantomwelt, die er für eine wirkliche hält und aus der er sich schwer herausfindet, namentlich wenn die betreffende Seele ohne jeden Glauben an den Herrn weitervegetiert.

Also wie gesagt, ich durchlebte in dieser Weise nochmals meine ganze Jugendzeit, ohne jedoch in den Fehler zu verfallen, diese Erinnerungsbilder, die sich plastisch darstellten, für jetzige Wirklichkeit zu halten. Sie dienten mir nur dazu, meinen Werdegang, meine Fehler zu erkennen, und in dieser Hinsicht dienten sie mir lediglich zur Läuterung meiner Seele.

Nun ist es ganz richtig, daß, nachdem diese Periode vorüber ist, schließlich eine unbändige Langeweile eine untätige Seele erfassen muß; aber dazu ließ ich es nicht kommen. Ich versuchte auch gar nicht, mein weiteres Leben etwa plastisch an mir vorübergehen zu lassen, denn Fehler späterer Zeit hatte ich bei Thieme bereits voll erkannt, brauchte sie demnach nicht nochmals zu studieren, sondern dachte allen Ernstes daran, wie ich denn nun meine weitere Arbeit einteilen wollte.

Ich war allein, ganz allein. Meine Gedanken richteten sich daher naturgemäß auf jene Personen und Verwandten, die bereits vor mir auf Erden gestorben waren und deren Schicksal mich selbstverständlich sehr interessierte. Daß ich da vor allen Dingen an meine Frau, deine Mutter, dachte, ist leicht einzusehen; aber wo sollte ich sie finden? — Mir schien es auch notwendig, da ich ja nun ein eigenes Heim wohl besaß, vor allen Dingen meine Umgegend kennenzulernen, diese zu durchsuchen, damit ich meine Sphäre selbst mal erst durchforschte.

Mir ging die Sache auch nachträglich noch nicht so ganz in den Kopf. Diese ganze Umgegend sollte meine Sphäre sein und gleichzeitig — in der Entsprechung allerdings, aber doch damit auch wirklich — den Schönheiten der mir bekannten Offenbarungen gleichen, also gewisserart ihre Entstehung doch nur wieder jenen verdanken. Wie geht es so eigentlich zu, daß etwas von vornherein Gegebenes, von mir wohl Erkanntes, aber doch nicht mein Eigentum, nunmehr den Grund und Boden meiner Sphäre, zu deren Herstellung bisher etwas getan zu haben ich mir doch so gar nicht bewußt war, abgeben konnte!?

Ich sagte mir: „Da hilft kein Kopfzerbrechen; ich nehme das Vorhandene dankbar hin, so wie es ist, und überlasse die gewünschte Aufklärung der Zukunft und warte, was der Herr mir entweder Selbst oder durch andere über diese Tatsache offenbaren will. Frisch an die Arbeit einer Entdeckungsreise gegangen!"

Ich verließ also mein Haus und durchwanderte die Gegend.

Sehr bald machte ich eine sonderbare Entdeckung. Ich wollte eine der das Tal umgrenzenden Höhen ersteigen — war ich doch mit Thieme eine solche herabgestiegen! —, aber ich konnte nicht den Fuß derselben erreichen. Immer war es, als irrte ich mich in der Entfernung, oder als wichen die Höhen vor mir zurück. Ich mochte wandern und wandern, — die Berge und Höhen konnte ich nicht betreten!

„Das Ding hat seinen Haken!" überlegte ich. „Es muß nicht der Wille des Herrn sein, mich diese Höhen erklettern zu lassen! Denn ich bin nun gegangen und gegangen, aber ich komme nicht zum Ziel."

Als ich mich umsah nach meinem Hause, bemerkte ich zu meinem Erstaunen, daß es ganz nahe hinter mir stand, als sei es mir nachgefolgt, oder als ob ich trotz meines stundenlangen Wanderns höchstens etwa zweihundert Schritte zurückgelegt hätte. Das gab zu denken. Der mir bedenkliche Haken hatte sich entschieden vergrößert.

Was aber tun? — Ich dachte an Thieme, dachte, ihn zu mir heranzuziehen, wie er mir mitgeteilt; dann verwarf ich den Gedanken und sagte mir: „Es ist ein Fehler schon auf Erden, sich stets auf andere zu stützen, hier aber sicher ein weit größerer, wenn man nicht auf sich selbst und auf die Hilfe des Herrn vertraut!" — Es wurde mir mit einemmal klar, daß ich doch mich noch gar nicht seit Thiemes Fortgang mit dem Gedanken an den Herrn viel beschäftigt hatte, und das fiel mir schwer auf mein Herz.

Ich merkte nun ganz deutlich, daß es erstlich ein

Fehler war, diese Wanderung ohne festes Vertrauen auf den Herrn, ohne Ihn erst um Stärkung hierzu gebeten zu haben, unternehmen zu wollen — und dann zweitens: was habe ich notwendig, immer darauf loszumarschieren, wenn mir doch eine ganz andere Kraft in meinem *Willen* zu Gebote stand, so ich sie nur richtig gebrauchte !?

Thieme hatte mir doch klar auseinandergesetzt, daß man den eigenen Willen, innerhalb der erkannten Gesetze des Herrn, gebrauchen soll, und da lief ich nun und lief, strengte wohl meinen Willen zum Hinaustappeln an, aber nicht dazu, ihn zur Heranziehung jener Höhen zu gebrauchen oder, besser gesagt, mich selbst dorthin zu versetzen! — Ich sagte mir: „Gehe jetzt einmal in dein Haus zurück und vertiefe dich vor allen Dingen in die Liebe zum Herrn! Wenn du das getan haben wirst, wird sich wohl dein Vorhaben anders ergeben!“

Nun, weit zu meinem Häuschen hatte ich ja nicht; ich ging zurück, besah mir nochmals alles darin genau und festigte nochmals meinen Willen in der Erhaltung dieser Wohnstätte. Ich fühlte, daß diese vier Pfähle, wie man sagt, wirklich mein Eigentum seien.

Ich sah nun, unter der Tür stehend, mir die herrliche Umgegend an, und plötzlich fiel es mir wie ein Blitz in meine Seele, daß diese herrlichen Berge, Täler, Aussichten ja die Schönheiten der mir bekannten Offenbarungen darstellten, aber — daß diese wohl noch lange nicht mein wirkliches geistiges Eigentum geworden waren, und daß ich nicht eher nur den geringsten Hügel erreichen würde, bevor diejenige Eigenschaft, die eben jenem Hügel entsprach, auch mir in Fleisch und Blut übergegangen, also damit mein Eigentum geworden sei! Unwillkürlich überfiel mich da eine große Angst. Welche Riesenarbeit war notwendig, um auf diesem Wege nun alles, was doch fehlerhaft demnach noch in mir stecken mußte (und ich hatte mir doch schon eingebildet, alle Fehler überwunden zu haben), auszumerzen, bis alle diese Berge und das, was auf diesen wuchs, gewisserart mein Eigentum geworden, weil ich die durch diese wundervolle Gegend dargestellten Wahrheiten voll in mir aufnahm! Da konnte ich doch Ewigkeiten brauchen, um zum Ziele zu gelangen!

Ich war ganz zerknirscht bei dieser Erkenntnis. Bald aber schlug ich mich vor den Kopf, denn ein zweiter Gedankenblitz durchzuckte mich hell und klar. Was sagte doch der Herr? Was wäre das vornehmste Gebot? „Liebe Gott über alles und deinen Nächsten wie dich selbst; an diesem Gebot hängt Moses und alle Propheten!" Und dann: „Wer an Mich glaubt und bittet den Vater in Meinem Namen, dem wird Er alles geben!" — Nun siehe einmal im Neuen Testamente nach, was über diese Worte, die ich nur kurz erwähne, gesagt ist!

Matthäus 7,7: *Bittet,* so wird euch gegeben; suchet, so werdet ihr finden; klopfet an, so wird euch aufgetan.

Matthäus 21,22: Und alles, was ihr bittet im Gebet, so ihr glaubet, so werdet ihr es empfangen.

Markus 11,24: Darum sage Ich euch: Alles, was ihr bittet in eurem Gebet, glaubet nur, daß ihr es empfangen werdet, so wird es euch werden.

Johannes 16,23: Wahrlich, wahrlich, Ich sage euch: So ihr den Vater etwas bitten werdet in Meinem Namen, so wird Er es euch geben.

Johannes 16,24: Bisher habt ihr nichts gebeten in Meinem Namen. Bittet, so werdet ihr nehmen, daß eure Freude vollkommen sei.

Du hast richtig und genau die Worte gefunden. So

wie du jetzt fand ich sie auch unter den wenigen Büchern in meinem Hause, und nun wußte ich auch, was ich zu tun hatte.

Alles wird dem, der gläubig vertraut, gegeben; und wenn ich Ewigkeiten brauchen wollte, um jeden Berg einzeln zu erklimmen, könnte ich dann etwas anderes erreichen als die Erreichung des höchsten Gebotes? Nein, — niemals.

Also wozu auf Umwegen, mühsam und in Angst und Schweiß zu erreichen suchen, was nach der Verheißung jedem gegeben wird, der gläubigen Herzens ist!?

4

Im Angesichte des Herrn

Nachdem diese Erkenntnis in mir aufgeblitzt war, handelte ich auch sofort danach. Ich blieb in meinem Haus, richtete stets meine Gedanken mit aller Willensstärke und mit tiefer Sehnsucht auf unsern Herrn und Meister Jesus und erwartete das Kommende.

Es rührte sich lange Zeit nichts. Ich war in einem Zustande freudiger Erwartung, ohne etwas Besonderes zu erwarten und richtete meine Gedanken konsequent auf den Herrn.

Da geschah ganz unerwartet etwas Sonderbares.

Meine wunderbare Umgebung blieb sich bisher stets gleich, eine besondere Einteilung von Tag und Nacht hatte sie nicht, konnte sie ja auch gar nicht haben, da die astronomischen Gesetze und die physikalischen der Erde hier nicht mehr in Betracht kamen. Ich befand mich doch nicht mehr auf einer sich drehenden Erdkugel, die infolge ihrer Umdrehung Tag und Nacht hervorruft! Auch sah ich keine Sonne am Himmel glänzen. Es war wohl stets hell, wie kurz vor aufgehender Sonne, aber eine Sonne stand nicht am Himmel. Auch das fand ich natürlich, hatte jedoch über das Warum bisher nicht tiefer nachgedacht, bis eben das erwähnte Sonderbare eintraf. Was war nun dieses?

Ganz unerwartet sah ich zwischen zwei Bergen hindurch, die ein Tal umfaßten, das sich weithin erstreckte und wunderschön von meinem Standpunkte aus zu sehen war, ganz langsam sich den oberen Rand einer Sonne erheben, leuchten, strahlend und erwärmend, wie die Mittagssonne im Juli bei euch. Ich staunte, konnte den Glanz gar nicht ertragen und wollte das Höhersteigen erwarten; aber das geschah nicht. Nicht um einen Millimeter rückte sie vor, sie blieb so weit mit dem äußersten Rande über dem Horizont wie bisher.

Wie kam das? Was war das für eine Sonne, die sich mir zeigte, aber deren Glanz nichts der irdischen nachgab?

Als ich so dastand, ganz im Anschauen dieses Sonnenrandes vertieft, sah ich plötzlich, wie aus weiter Ferne eine Gestalt auftauchte und sich schnell mir näherte. Ich konnte sie nicht erkennen, denn die Strahlen der Sonne blendeten mich, so daß ich nur die Umrisse der Gestalt wie eine Silhouette erblickte. Meine Augen hingen wie gebannt an der sich nähernden Gestalt, und plötzlich wußte ich — es ist der Herr, der Sich dort dir nähert!

Mich faßte es wie mit magnetischer Gewalt, alle meine Seelenkräfte zogen sich dem Kommenden entgegen, und mit aller Eile stürzte ich dem Herrn entgegen, der mir jetzt so nahe gekommen war, daß ich Sein Antlitz erkennen konnte. Er streckte mir die

Hände entgegen, und ich eilte in aller Hast auf Ihn zu, ergriff die Hände, die mir entgegengebracht wurden, und stürzte zu des Herrn Füßen anbetend nieder. Ich kann es nicht beschreiben, was ich empfand; nur wer den Herrn wahrhaft liebt, kann es begreifen und nachempfinden.

Der Herr zog mich empor und sah mir in die Augen.

Oh, was für Augen, so durchdringend klar, und doch so unendlich liebevoll! So kann kein Menschenauge blicken! Keines Menschen Auge kann so tief in das Herz schauen; nur Sein Auge hat diese unendliche Gewalt, diese ausstrahlende Liebe und hoheitsvolle Macht!

Ich konnte kein Wort hervorbringen, sondern mußte nur immer in dieses Auge schauen, und mit diesem Schauen kam mir die Rückerinnerung an ferne Zeiten, wurde mir klar, was ich bereits einst gewesen, und welches Vorleben ich bereits überstanden.

Mit unendlich gütigem Klange sagte mir der Herr:

„Hast du es nun selbst erfahren, wie schwer es auf Erden ist, in Meinem Dienst zu leben und zu bleiben? Ist es nun dir klar geworden, daß es auch den Geistern, die Mir dienen und stets bereit sind, Meine Worte zu erfüllen — solange sie nicht die schwere Erdenlast tragen —, unendlich schwer wird, sich durchzuringen auf der Stätte Meiner einstigen Tätigkeit und Meines Leidens?

Siehe, du meintest einst, Ich solle dich aussenden, um nicht nur die Kindschaft zu erringen durch die Nachfolge in Meinen Spuren, sondern du wolltest auch dann auf Erden Zeugnis ablegen von Mir und Meinem Wesen! Aber ist es dir geglückt? Hat dich nicht doch die schwere Materie so gefangengenommen, daß es dir nicht gelang, so, wie du hofftest, die

Materie zu durchbrechen und das Ziel zu erreichen, das du dir stecktest. Jetzt blicke zurück in alle Zeiten, die du durchlebtest, erkenne die Kette deines Lebens, die dich zu dem gebildet, was du geworden, und sei glücklich in der Erringung des wenigen, das du erreichtest. Ich mache dir keine Vorwürfe, daß du so ziemlich scheitertest mit deinen Plänen, denn viel kannst du noch nachholen mit Meiner Kraft, aber gib ein Beispiel allen, die da vermeinen, viel und leicht für Mich zu leisten und schließlich doch nicht erringen, was sie *ohne* Leibesschwere erhofften und sicher sich zu erfüllen glaubten.

Ich verlasse dich nicht mehr, denn deine Liebe und Wahrhaftigkeit zu Mir hat es zustande gebracht, daß du den Sitz Meines Geistes im Rande der geistigen Sonne schauen kannst; an dir wird es liegen, daß sie höhersteigt und ihre Strahlen dich dann ganz durchdringen. Der Anblick dieses äußersten Randes erhebt dich schon über viele Schwierigkeiten, und an ihrem Fallen oder Steigen wirst du erkennen, ob du fortschreitest oder zurückgehst. Rufe Mich aber an in der Not, so werde Ich dich erretten, und ziehe Mich an in deiner Liebe, so wirst du Mich jederzeit sehen und sprechen, wie du Mich jetzt siehst, und wie Ich jetzt zu dir rede!“

Der Herr zog mich wieder an Seine Brust, mich durchströmte ein unendlich süßes Gefühl der Geborgenheit und Liebe, und dann drückte Er mich sanft von Sich und – war verschwunden.

Den Sonnenrand aber sah ich weiterhin glänzen, strahlen und erwärmen.

5

Vom wahren Beten

Ich war wieder allein und überdachte das Geschehene, und da wurde mir folgendes klar, stand deutlich, greifbar mir vor der Seele:

Mir wurde vor allen Dingen klar, daß ich alles Heil nicht durch sogenanntes Vertiefen, nicht durch Hinstarren und Denken an den Herrn, nicht durch lange phrasenhafte Lippengebete, Suchen nach Worten und schönen Reden, sondern einzig allein durch festes Zufassen, durch freudige, eifrige Arbeit zu erwarten habe. *Arbeiten* im Dienste des Herrn ist bereits Gebet, — nur *reden*, um zu glänzen vor anderen, ist Zeit- und gänzlich nutzlose Kraftvergeudung. Die höheren Geister liegen nicht im Staube auf ihrem Angesicht zu den Füßen des Herrn und beten Ihn an, — das wäre Götzendienst. Der Herr will fröhliche, Ihm fest vertrauende Arbeiter, die die Menschheit und sich selbst der Vollendung näherbringen, aber keine frömmelnde, Litaneien singende, in langen Gebeten sich ergehende Faulpelze, die da glauben, durch ihr verkehrtes Tun dem Herrn zu dienen, Ihm wohlgefällig zu sein und sich einen Schatz im Himmel zu erwerben. Alle diese sind faule Knechte, die ihr anvertrautes Pfund vergraben, anstatt damit zu wuchern. Aus diesem Grunde sind auch Klöster, Betgesellschaften und allerlei Kreise, die etwa durch träges Abwarten, der Herr solle ihnen geben, was sie verlangen, Irrwege, die nicht zum Herrn, sondern von Ihm weg führen.

Gewiß ist es nötig, daß sich die Seele erhebt und in dem Bewußtsein, dem Herrn zu dienen, nicht nur Stimmung, sondern heiße Liebe empfindet, aber gerade diese Empfindung wird nur durch festes Wollen zur Pflichterfüllung, durch innige Freude an dem zu schaffenden Werke errungen, nicht aber durch Hinbrüten und Lauern auf die Gnade des Herrn.

Die Zeit ist vorüber, wo das Aufgehen der Saat abgewartet wurde und das Blühen des Kornes lediglich Aufmerksamkeit, getreues Pflegen und Bewahren vor Wildschaden erforderte; jetzt stehen wir am Beginn der Ernte, müssen das Korn schneiden, sammeln, in die Scheunen bringen und dann, erst dann wird es gedroschen, die Spreu vom Weizen gesondert und köstliches Brot aus dem feinen Mehl gebacken. Wer dieses Bild versteht, wird wissen, welche Stunde jetzt schlägt, und wie sich die Welt in der zukünftigen Zeit gestalten wird.

Alles das wurde mir jetzt klar, und deutlich stand mir vor Augen, was ich zu tun hatte.

Ja, es war einst eine Zeit, in der ich bereits ein Vorleben durchmachte. Es war nicht auf Erden, sondern auf einem Planeten, dessen Bewohner noch nicht so weit in der Willensfreiheit stehen wie die der Erde, die aber den Herrn erkennen und lieben, weit mehr als auf Erden die auserwählten Kinder. In dieser Liebe stehend, wissen sie, daß der Herr nur diejenigen um Sich versammeln kann, die Seinen Spuren nachfolgen, die die härteste Willensfreiheitsprobe bestehen durch eigenes zielbewußtes *Wollen.*

Wer die Liebe in sich fühlt, glaubt alles überwinden zu können im Dienste dieser seiner Liebe, und so schien auch mir es leicht, ein Nachfolger des Herrn zu sein. „Denn was kann einem fehlen, wenn man sich allein von dieser Liebe leiten läßt?“ — so dachte ich und ahnte doch nicht, wie unendlich schwer diese Willensfreiheitsprobe ist, weil man dann alles neu erringen muß, nur aus sich selbst heraus schaffen und arbeiten, ja sogar die erst so glühende Liebe zum

Herrn neu zu erwecken und zu pflegen hat. Es gibt Engelsgeister, die auf Erden diese Probe nicht bestanden — wenn sie auch nicht gänzlich scheiterten —, die aber, gefangen von der Materie, nicht imstande waren, ihre übernommene Aufgabe zu erfüllen, weil sie die Fesseln der eingebildeten Weltfreuden, die ihnen vordem so fremd geblieben, als vermeintliche Süßigkeit kosteten und viel Geschmack daran fanden. Andererseits verfielen wieder andere in vollständiger Verkennung ihrer Aufgabe in Abscheu gegen jene Weltfreuden, schlossen sich peinlich von ihnen aus, glaubten, daß Flucht vor diesem Treiben — Überwindung sei und erreichten dadurch erst recht nicht ihr Ziel. Dann gibt es diejenigen Seelen, von denen Goethe sagt:

„Zwei Seelen wohnen, ach, in meiner Brust,
die eine will sich von der andern trennen;
die eine hält in derber Liebeslust
sich an die Welt, mit klammernden Organen;
die andre hebt gewaltsam sich vom Dust
zu den Gefilden hoher Ahnen."

Hier kommt es nun ganz darauf an, *welche* Seele die Oberhand gewinnt. Je nachdem wird sich das Schicksal des Menschen gestalten, wird er emporgehoben zu den Gefilden hoher Ahnen oder — untergehen.

Ich teile das alles mit, damit jeder sich prüfe, ob er sich auf verkehrter Bahn befindet oder Hoffnung hat, die übernommene Aufgabe auszuführen, die sein Tun und Lassen wie ein kleines Lichtlein erleuchtet, das wie ein Ahnen einer schönen Aufgabe in ihm ruht. Ja, dieses Ahnen macht sich wohl oft bemerkbar, aber die eigentliche Aufgabe wird verkannt. Selbsttäuschung erfaßt den Menschen nur zu oft über das eigentliche Ziel. Er glaubt, eine richtige Idee, eine klare

Vorstellung von der in ihm eingelegten Aufgabe zu haben, verwechselt dann sein eigenes Wünschen, das sich zum Wollen ausbildet, mit dem ursprünglichen Sollen, jagt dann Phantomen nach und verfehlt seinen Erdengang, der alles andere, nur keine Nachfolge Christi ist.

Seht, so ist auch mein irdisches Leben für die Wahrheit dieser Worte ein klares Beispiel.

Was sollte ich auf Erden? Nächst meiner eigenen Ausbildung und dem Streben nach Vollendung sollte ich ein Lehrer werden im Dienste des Herrn; ich hatte gebeten, auf Erden Zeugnis abgeben zu können von der Lehre des Herrn, Liebe zu Ihm zu erwecken und alle Mitmenschen zu ergreifen im innersten Herzen, daß sie sich zum Herrn und Meister des Weltalls bekennen. Das wollte und sollte ich.

Eingeboren in kleine Verhältnisse, stand mir dennoch bald die Welt offen. Nicht ohne Grund wurde ich nach Rußland geführt und lernte dort die niedrige, weltfreudige Gesinnung der Menschen kennen. Ich glaubte, durch meine Kunst auf die Gemüter einzuwirken, und es ist mir auch in vielen Dingen gelungen, aber selbst in meiner Kunst machte es mir mehr Vergnügen, die technischen Schwierigkeiten zu überwinden, deren Bewältigung stets viel Bewunderung hervorruft, als durch ein Spiel, in dem sich die *Seele* zeigt, auf die Gemüter einzuwirken. In Petersburg erhielt ich erst die rechte Richtlinie, durch die Bekanntschaft mit den Büchern SWEDENBORGS und andere. Namentlich durch meine Freundschaft mit meinem Kollegen Thieme wurde ich auf vieles aufmerksam gemacht, was ich ohne ihn nicht erfahren hätte; aber dennoch überwog mein eigenes Wollen das Sollen.

Schon als Knabe geneigt, Aufmerksamkeit durch besonderes Können zu erwecken, zweifellos als Folge des in mir ruhenden, noch nicht zum Bewußtsein gelangten Sollens, schlug diese Neigung einen falschen Weg ein. Ich hatte große Vorliebe für die Taschenspielerei, für Magie. Da, wie auch deine Erfahrung lehrt, nun der Gegenpol stets bemüht ist, das Wollen über dem Sollen zu verwirren und abzulenken, so fand ich denn auch in Petersburg ganz außerordentliche Gelegenheit, meiner Sucht nachzugehen.

Der Kauf der vielen Zauberapparate, die Freundschaft mit Schreinzer diente nur dazu, meine Neigung zu stärken und das Ahnen von dem Einwirkensollen auf die Menschen auf falsche Bahn zu lenken.

Ich ahnte, ich solle *sammeln!* Was? — Jedenfalls doch nur die Menschen guten Herzens, die ich belehren sollte, — ich aber sammelte Faustbücher, wurde wohl eine Autorität in der Faustliteratur, schrieb eine Menge Schriften und Bücher über dieses Thema und Verwandtes, — aber sammelte nur die Bücher über die Faustliteratur, nicht Menschenseelen.

Versteht ihr den Zusammenhang zwischen Sollen und falscher Ausführung dieses Sollens? Sucht in euch, ob ihr nicht Ähnliches getan habt und noch tut, kehrt um, solange es noch Zeit ist, ergründet, ob euer Sollen mit dem Wollen eurer Tagesarbeit auch im Einklang steht und scheut euch nicht, falsche Wege zu vermeiden, nötigenfalls umzukehren, neu zu beginnen; denn die Kraft des Herrn wird euch stets beistehen, erkannte Fehler zu verbessern, euer Wollen in die Bahn des Sollens zu lenken.

6

IM DIENSTE DER LIEBE

Nachdem ich nun mir völlig klar geworden war, daß auch für mich vor allen Dingen die *Arbeit,* die Tätigkeit vonnöten war, ging ich nun daran, diese auch auszuführen. Ich wollte vor allen Dingen meine Freunde aufsuchen, wollte meine Frau und meinen Bruder sehen, kurz alle, die ich im irdischen Leben kannte, und die vielleicht meiner Hilfe bedurften. Da ich nun wußte, daß es im jetzigen Zustande hauptsächlich auf das Wollen ankommt, so konzentrierte ich meinen Willen ganz besonders darauf, zunächst meine Frau, deine Mutter, zu erblicken.

Ich rief den Herrn an und wollte mit aller Kraft. Da fühlte ich mich emporgehoben und fortgeführt. Ich verließ mein Tal und wurde versetzt in eine ganz andere Gegend, die mir nicht sonderlich gefiel. Es war dort nicht so hell wie in meinem schönen Tal, mehr dämmerig wie nach Sonnenuntergang.

Ich ließ mich tragen von meinem fest im Herrn begründeten Wollen und gelangte zu einem Hause, das etwa einem Bauernhaus glich, wie du es aus dem Norden kennst. Auch die Umgegend ähnelte dieser nordischen Landschaft. Ich sah niemand, keinen Menschen, kein Lebewesen und trat wie vom inneren Drang gezwungen in das Haus. Ein Korridor, eng und kurz, zeigte sich mir, der nach einer Tür führte. Ich öffnete. Ein kleines, unbedeutendes Zimmer zeigte sich, in dem eine Gestalt auf einem Ruhebett saß und vor sich hinstarrte. Mich erfaßte ein grenzenloser Schmerz, denn ich erkannte meine Frau, deine Mutter, die genau so apathisch dreinschaute, wie du sie in der letzten Lebenszeit gesehen. Du weißt, daß es ihr stets an

Willensstärke gebrach, daß es schwer war, sie zu einem ernstlichen Entschluß zu bringen, daß sie wenig selbständig und zur Schwärmerei, das heißt zum kritiklosen Eingehen auf die einwirkenden Gedanken neigte. Sie war in einem Zustande getrübter Seelenkraft hinübergegangen, und aus dieser Trübung hatte sie sich noch nicht herausgefunden, trotz ihres doch so guten und reinen Herzens.

Mit einem Blick erfaßte ich, was hier zu tun sei. Diese Seele brauchte dringend den Führer, der sie zum ernstlichen Wollen aufrüttelte, der ihr zeigte, was der Herr von jedem Menschen verlangt, ohne daß die Seele auf Irrwege gerät.

Ich sprach sie an. Sie erkannte mich nicht, fragte aber, wer ich sei, und was ich wolle.

„Ich bin gekommen, um dich aus diesem Hause in eine bessere Umgebung zu führen, wenn du mir vertraust!“ antwortete ich und ergriff ihre Hand.

Sie sah mich mit dem blöden, geistlosen Blick ihrer letzten Tage an und meinte: „Wohin soll ich gehen? Ich bin hier schon so lange und weiß keinen andern Weg. Ich muß doch hier bleiben bei den guten Menschen, die mich aufnahmen.“

„Wer sind diese guten Menschen?“

„Ich weiß es nicht, sie kommen und gehen, geben mir Speise und Trank und überlassen mich sonst der Ruhe hier!“

„Hast du nie den Herrn gebeten, daß Er dich aus dieser Einsamkeit errette und fortführe?“

„Der Herr, — ja — der Herr —, davon hörte ich doch schon früher. Du meinst Gott? — Ja, den habe ich gebeten, aber es hilft nichts. Ich warte schon so lange!“

Wie diese Worte auf mich wirkten, kannst du dir leicht denken. So also ergeht es den Seelen, die sich nicht in ihrem Wollen aufraffen, die nicht die Kraft haben, in Liebe stark zu werden, trotzdem sie besten Willens sind. Ja, der Geist ist willig, aber das Fleisch ist schwach! Das *Sollen* ist allen bekannt, aber an dem *Wollen* — da fehlt es. „Wer da hat, dem wird gegeben, und wer da nicht hat, dem wird auch noch das wenige genommen, was er hat!" Wer nach dieser Lebens- und Geistesregel handelt, ist gesichert im Diesseits und Jenseits; das mögen sich alle gesagt sein lassen, welcher Geistesrichtung sie auch angehören.

Deine Mutter kannte den Herrn auf Erden recht wohl; sie hatte also an dem Glauben und dem Wissen von Seiner Güte einen Schatz, und selbst der — war ihr wieder genommen worden, weil es ihr an der wahrhaft tätigen Liebe und am festen Wollen fehlte. Es mußte ihr also erst wieder zurückgegeben werden, was sie verloren hatte. Das Ergreifende ist hierbei, daß sie verlor ohne Schuld! Nichts hatte sie begangen, was irgendwie als Schuld angesehen werden konnte, und dennoch mußte sie die Strenge des Gesetzes fühlen, bis ich durch die Gnade des Herrn und durch mein errungenes Wollen den Weg zu ihr fand. So konnte ich ihr helfen, ihr geben von dem, was ich besaß. Und höret alle, ihr Lieben, das ist das ewige Gesetz des Herrn: „Erringet viel mit eiserner Kraft, mit ernstestem Willen, damit ihr anderen Bedürftigen viel geben könnt! Wohlzutun und mitzuteilen vergesset nicht, denn solcher ist das Himmelreich!" Versteht diese Worte recht, im lichten Sinne der verklärten Erleuchtung!

Du kannst dir leicht denken, was ich nunmehr tat. Ich erweckte das Bewußtsein deiner Mutter an der Existenz und Wirksamkeit des Herrn, belehrte sie, wie lieb der Herr alle Seine Geschöpfe habe, machte ihr klar, daß sie längst im Jenseits sei — denn auch dieses Bewußtsein fehlte ihr —, und wie ich Schritt für

Schritt ihren Geist erweckte, ihr Wollen kräftigen, aufrütteln konnte, wich auch ihre unnatürliche Starrheit, und schließlich — erkannte sie mich.

Seht, das war eine große Freude nun für uns beide. Die Zuneigung, die Liebe, die uns jetzt erfaßte, wie ist sie doch so unendlich fern von dem, was auf Erden Liebe heißt! Wie so ganz anders erfassen sich da die Seelen, die zueinander gehören, wenn sie sich als einander zugehörig erkennen, und welche Seligkeit verkosten beide in dem gemeinsamen Streben nach Vollendung!

Doch ich greife vor und will genauer berichten.

In kürzerer Zeit, als ich anfangs hoffte, konnte ich die gestörte und verwirrte Seele zurechtrücken, und selbstverständlich regte sich mit dem Erwachen von der Unzulänglichkeit ihres jetzigen Zustandes der Wunsch, aus dieser ungemütlichen Umgegend zu entfliehen. Aber das ging doch nicht so schnell. Ich war ja in eine andere Sphäre eingedrungen! Das empfand ich, aber wem gehörte sie an? Waren noch andere Seelen hier, die meiner bedurften? — Meine Frau hatte von guten Menschen gesprochen, die sich ihr genähert hatten, denen sie dankbar sein mußte, und keinesfalls wollte und durfte ich sie ohne Dank, ohne Wissen einem Kreise entführen, dem sie bisher angehörte. Also galt es, diesen Kreis, diese Sphäre zu untersuchen, in der sie bisher gelebt hatte.

Da gab es eine neue, mir wunderbare Überraschung. Ich verband mich mit dem Herrn im innigen Gebet um Klärung, und da wurde ich hinausgeführt vor das Haus.

In leuchtender Klarheit stand da eine Gestalt vor mir, die mich anlächelte, die ich aber nicht kannte. Sie sprach mich an und sagte: „Du kennst mich nicht, und doch bin ich dir wohlbekannt. Ich zeige mich dir jetzt in einer Form, durch die du mich erkennen kannst; denn siehe, ich bin bereits eng verbunden mit dem Geiste, der zu mir gehört, lebe in himmlischer Ehe mit dem mir von Gott zugeteilten männlichen Prinzip und kann mich daher zeigen, sowohl als Mann wie als Weib. — Erkenne mich ganz!“

Im Augenblick erkannte ich die Sprecherin; denn ein Weib war es, das nun vor mir stand und aufs Haar dem Bilde glich — nur in unvergleichlich erhöhter Reinheit und Schönheit —, das du in Ehren hältst von der früh verstorbenen Schwester deiner Mutter, die weder ich noch du auf Erden gekannt hast. Es war Julie, dein Schutzgeist, dessen Wirken und Führung du so oft empfunden hast.

Sie klärte mich nun auf, daß dieser Ring, in dem ich meine Frau gefunden, der unterste *ihrer* Sphäre sei, in dem sie wirke und die emporzuführenden Seelen aufnehme, daß sie mich erwartet und die bisher so teilnahmslose Seele bis jetzt in dem Zustand der Ruhe gelassen habe, weil es *meiner* Arbeit bestimmt gewesen sei, sie zu erwecken und mir für den Himmel zu gewinnen. Sie freute sich unendlich, zu sehen, daß mir es gelungen sei, ihre einst irdische Schwester zu finden, und sie jetzt mir zu übergeben zur Weiterführung. — Ich dankte von Herzen. Es ist wohl selbstverständlich, daß ich nach dieser Erklärung an Emiliens Eltern, meine Schwiegereltern, dachte, und fragte, wo diese seien, wie alle jene Verwandten, die doch wahrscheinlich zu ihrem Kreise gehörten. Sie sagte mir: „Komm und sieh selbst; erst aber höre, was ich dir noch zu erklären habe!

Du sollst über die Wechselbeziehungen der einzelnen Seelen, die als Verwandte auf Erden lebten, unterrichtet werden, damit du auch in dieser Hinsicht richtig einzugreifen lernst und keine Fehlergebnisse hast.“

7

Seelenverwandtschaft

[Julie:] „Schon auf Erden nimmt der Mensch im allgemeinen an, daß Verwandte — selbst dann, wenn es keine Blutsverwandte, sondern angeheiratete sind —, von einem bestimmten, mehr oder weniger deutlich empfundenen Freundschaftsband umschlungen werden, das sich als gegenseitiges Zugehörigkeitsgefühl kundgibt. Es ist nicht immer leicht, gegen diese Empfindung anzukämpfen, wenn sie erst erwacht ist, ja sie kommt oft stark zum Ausdruck, wenn es manchmal auf Hilfeleistungen ankommt, die selbst widerwillig, aber doch tatsächlich gegeben werden. Andererseits macht sich aber auch bei Verwandten oft ein gegenteiliges Empfinden bemerkbar, namentlich sobald schlechte Erfahrungen untereinander gemacht wurden, so daß ein oder der andere Teil sagt, lieber mit Fremden als mit Verwandten zu tun haben zu wollen. Beiden ist es aber trotz alledem nicht möglich, dieses eigenartige Zugehörigkeitsgefühl gänzlich auszuschalten, es taucht immer wieder auf und sei es nur in der manchmal nur neugierigen Frage: „Was mag wohl der und der machen, was ist aus ihm geworden?" Wer gut zu unterscheiden versteht und scharf beobachtet, wird finden, daß dieses Zugehörigkeitsgefühl aus einer Quelle entspringt, die *weniger* als Liebe und *mehr* als bloße Freundschaft umfaßt, und die nicht nur ein fades Interesse allein in sich birgt, sondern ein merkwürdiges Gemisch von Seelenempfindungen ist, dessen Ursprung tiefer liegt, als es dem Menschen zum Bewußtsein kommt. Alle schlechten und guten Erfahrungen unter Verwandten, die ebenfalls seelische Empfindungen hervorrufen, kommen bei dieser Untersuchung nicht in Frage, und es muß von diesen abgesehen werden.

Wer nun tiefer zu sehen vermag, wird mindestens ahnen, daß dieses Zugehörigkeitsgefühl, das doch nun einmal besteht und sich nie ganz auslöschen läßt, einem jenseitigen Einfluß unterliegt, der auf Erden unbekannt bleibt. Wo sind diese Seelen, die sich nun als Verwandte kennenlernen, hergekommen? Glaubt man, daß es so gänzlich gleichgültig ist, ob bei Menschen, die sich als Verwandte zusammenfinden, die Quelle ihres Ursprungs gänzlich voneinander verschieden oder mehr gemeinsam ist? Das heißt: ist nicht weit eher anzunehmen, daß schon *vor* dem Erdenlauf eine Seelenverwandtschaft stattfindet, die sich auf Erden nur *sichtbar* macht?

Wenn zwei Menschen verschiedenen Geschlechts sich heiraten, so tun sie es nur, weil sie mindestens glauben, harmonisch miteinander leben zu können. Man heiratet sich doch nicht in der Hoffnung und dem Wollen, sich gegenseitig zu befeinden!? Wenn allerdings letzteres nach einiger Zeit eintritt, so war das erste Hoffen und Glauben — ein Irrtum, ein Vergreifen und Verkennen, entstanden durch Blendwerke des irdischen Materieweges, die überwunden werden sollen. — Diese gewünschte und auch vorhandene Harmonie, die zu einem Ehebund führt, ist bereits ein Seelenband *früherer* Verwandtschaft, das heißt die Folge eines jenseitigen und diesseitigen Lebensgesetzes, daß sich das Gleiche zum Gleichen finden soll. Dieses Gesetz ist derart beschaffen, daß es dabei das eigenartige Individuelle nicht erstickt, sondern daß sich dasselbe recht wohl entwickeln kann, wie die Blätter eines Baumes, die sich auch alle gleichen, ohne deswegen, wie der Mathematiker sagt, kongruent zu sein, also genau mechanisch wie durch einen Stempel abgepaßt.

Ist nun die erwähnte Harmonie vorhanden, so werden auch sich ähnelnde Seelenpartikel angezogen, die eine Menschenseele bilden. Eine Mutter wird stets Kinder gebären, die diesem Gesetz entsprechen; wenn dann diese Kinder trotzdem später sich als sehr verschieden in moralischer und sittlicher Beziehung zeigen, so ist wieder daran zu erinnern, daß ein Baum auch sehr verschieden geformte Blätter hervorbringt, die dennoch von derselben Art sind. Beim Menschen hängt aber seine spätere Form, entsprechend dem Charakter, von Einflüssen der Erziehung, Umgebung, Auffassung, von seinem Fleiß, Wollen, seinem körperlichen Befinden, von seinen Erfolgen und Mißerfolgen im Leben ab, so daß das, worauf ich hinweisen will, mit diesen Verschiedenheiten der späteren individuellen Person zunächst nichts zu tun hat. Hier soll nur darauf hingewiesen werden, daß das Zugehörigkeitsgefühl dadurch entsteht, daß harmonische tiefere Seelenprinzipien bereits aus dem *Vorleben* in Kraft treten. Wo es gänzlich fehlt oder wieder erlischt, ist diese frühere Verwandtschaftsquelle nicht vorhanden."

Julie setzte mir weiterhin auseinander, daß die Entfernung auf Erden keine Rolle spielt, um die miteinander verwandten Seelen zusammenzubringen. Es treten dann irdische Verhältnisse, sogenannte Zufälligkeiten ein, um sich doch einander zu nähern.

Das Grundgesetz aller Seelenharmonie ist Anziehung, Abstoßung die Ursache der Disharmonie. Anziehung und Abstoßung brauchen aber nicht gleich in das Tagesbewußtsein zu treten, dies entwickelt sich mit den Erfahrungen und mit der Zeit, je nachdem das verwandtschaftliche Gefühl erwacht oder auch als Irrtum sich erweist.

Ich sollte nun praktisch erproben, wo die mir seelisch Verwandten stecken und diese sammeln, das heißt in meiner Sphäre vereinigen.

Daß meine Frau mir am nächsten stand, empfand ich deutlich. Es wurde mir klar, daß wir uns bereits auf jenem Planeten, den ich zur Erreichung der Gotteskindschaft verließ, gekannt hatten und dadurch eine Seelenverwandtschaft entstanden war, die aus dem Vorleben stammte. Schon dort war ich ihr Führer gewesen, sollte es um so mehr auf Erden sein. Daß sie in Petersburg geboren und der Zufall (?) mich dahin führte, war nur eine Bestätigung des genannten Grundgesetzes, und daß es meinem Bruder Friedrich genau so erging, wirst du leicht verstehen.

Julie übergab mir nunmehr meine Frau, die sich überraschend schnell, nachdem erst die Kraft des Wollens in Wirksamkeit trat, entwickelte, und wir wollten nun gemeinsam weiter auf die Suche nach den Verwandten der irdischen Laufbahn gehen.

Da ich meine Eltern bereits gefunden hatte, war der Wunsch meiner Frau, auch die ihren wiederzusehen. Dieser Wunsch wurde ihr schnell erfüllt; denn jenes Haus, in dem sie sich bisher aufgehalten, gehörte ja ihren Eltern, die zeitweilig abwesend waren, jedoch stets wiederkehrten. Abwesend waren sie, da diese Region der Sphäre nicht mehr ihre Wohnstätte war; aber ihre Tochter hatten sie noch nicht befreien können.

Es ist nicht meine Absicht, hier alle Verwandte zu nennen, die wir aufsuchten, und deren Zustände zu beschreiben; jeder, der unsere Schriften kennt, weiß, daß genau der inneren Entwicklung auch die Umgebung entspricht, und etwas Außerordentliches, was notwendig wäre zu beschreiben, habe ich dort nicht gefunden.

Es genügt also, wenn ich erkläre, daß nach dieser gemeinsamen Wanderung und namentlich Auferweckung des getrübten Geistes meiner Frau wir in mein kleines Reich zurückkehrten und von meinem Häuschen zunächst Besitz nahmen. Die Gegend war immer noch dieselbe, der Sonnenrand glänzte wie vordem über dem Horizont. Ich erklärte alles, und Emilie nahm alles so auf in ihr Gemüt und Herz, wie es nur zu wünschen war.

8

In irdischen Sphären

Jetzt aber begann meine Arbeit, denn ich begriff sehr wohl, daß doch mein Aufenthaltsort nicht der aller Geister sein könne, die noch nicht im Anblick der Wahrheiten Gottes standen, daß jedenfalls — wollte ich arbeiten nach dem Willen des Herrn — mir, ähnlich der niederen Region, aus der ich Emilie entführt hatte, auch andere zugänglich sein müßten. Ich dachte daher daran, ob es nicht angemessen sei, mich in den Wirkungskreis der Erde zu begeben, um von dort aus das Aufsteigen der abgeschiedenen Seelen zu beobachten und zu lernen, was mit ihnen geschieht.

Ich tat es, ausgerüstet mit dem Willen und der Kraft des Herrn, und da sah ich sehr viel Merkwürdiges, das ich euch klar darstellen will.

Eine ganze Anzahl vorgeschrittener Geister ist stets bereit, die Seelen Verstorbener in Empfang zu nehmen. Ungefähr in jeder Sekunde stirbt irgendwo ein Mensch, d. i. also in der Minute nicht 60, sondern 50 im Durchschnitt bei sonst normalen Zuständen, wie sie annähernd vor dem Kriege herrschten, das macht also zirka 70 000 pro Tag und über 26 Millionen im Jahr. Es ist daher eine ziemliche Arbeit zu leisten, die sich jedoch sehr verteilt, wenn das große Gesamtheer beachtet wird, das gesetzmäßig eingreift und je nach seinem Fortschritt die ihm zugehörige Arbeit übernimmt. Es sterben ja auch nicht nur auf der Erde Menschen, auch auf vielen, vielen anderen Planeten der verschiedensten Sonnensysteme. Dann entwickeln sich wiederum Seelen aus den Wesen der Erde und müssen eingekleidet werden, ebenso diejenigen Seelen, die bereits ein Vorleben besitzen. Es gibt also zu tun für den, der Erkenntnis und Arbeitsfreudigkeit besitzt.

Ich greife jedoch zurück auf das, was ich lernte. Zunächst behagte es mir gar nicht, in die Erdsphären wieder einzutreten. Stelle dir vor, daß ein Kork im Wasser untertauchen soll; er schwimmt immer oben und drängt mit Allgewalt zur Oberfläche. Soll er doch untertauchen, so muß er sich mit beschwerenden Stoffen anfüllen, sonst gelingt es überhaupt nicht. So geht es einem ätherischen Geiste, der in reinen Zonen lebt. Er muß sich mit Erdstoffen beschweren, oder besser, sich ein Taucherkleid beschaffen, das es ihm erst ermöglicht, in die verlassenen Tiefen hinabzusteigen. Das will nicht nur gelernt sein, sondern es gehört auch große Überwindung dazu. Es steigt doch niemand gerne in eine Kloake, und eine solche ist die Erdsphäre im Vergleich mit den reinen, geistigen Sphären. Wer also direkte Arbeit zu leisten hat, muß sich überwinden, das schwere Erdenkleid wieder anzuziehen und hinabzusteigen in eine stickige Luft, die er sogar zur Lebenszeit noch gar nicht einmal kannte. Jeder Mensch verbreitet eine sogenannte *Aura*, also einen Lebensdunstkreis um sich, der immer widerlicher ist, je niedriger derselbe in seinem Innern steht. Diese Aura wird den Lebenden wenig bewußt, aber sehr stark den arbeitenden Geistern. Es ist daher letzteren wirklich keine Kleinigkeit, sich derartigen Menschen zu nähern, teils um sie günstig zu beeinflussen, oder sie nach ihrem Ableben in Empfang zu nehmen. Auch ihre Aura wird durch die Umwandlung des Todes keine Spur gebessert. Wie notwendig es daher ist, daß ihr eure Aura möglichst verbessert, rein erhaltet, wenn ihr wünschet, daß sich höhere Geister euch nähern, das ist klar ersichtlich aus dem Gesagten.

Stirbt also ein Mensch, so nimmt ihn stets ein Vorgeschrittener — das sind alle, die bereits eine eigene Sphäre besitzen — in Empfang und nimmt sich seiner an. Da nun jede hinübergegangene Seele sehr schnell ein Äußeres erhält, das seinem Innern entspricht, so weiß auch der in Empfang nehmende Geist ganz genau, wie weit die Seele vorgeschritten ist und in welche Region seiner Sphäre er diese einführen kann, oder ob er sie überhaupt nicht aufnehmen und den vielfachen Besserungsanstalten überweisen muß, damit sie geläutert wird. Diese Besserungsanstalten sind nun höchst weise eingerichtet und ich darf darüber noch einiges mitteilen.

Vieles ist euch bereits bekannt; so wißt ihr zum Beispiel, daß gemäß den inneren Wünschen einer abgeschiedenen Seele sich ihre äußere Umgegend *tatsächlich* gestalten kann, daß aber dann ihre Wünsche sich gegen sie kehren und sie keine Befriedigung, sondern im Gegenteil großes Leid oder doch mindestens öde Langeweile empfinden muß, um das Törichte ihrer Wünsche einzusehen und auf die rechte Bahn geleitet zu werden. Ihr wißt aber — weniger aus direkten Kundgebungen, als aus dichterischen Ergüssen, Phantasien, denen aber ein gutes Teil Offenbarung innewohnt —, daß die verhärtetsten Seelen auch gegeneinander wüten können, sich zu verderben suchen — und es doch nicht können, weil ihre jetzigen astralen

Leiber nicht so getötet werden können wie die irdischen. Hier habt ihr die Hölle im wahren Sinne, indem es Schrecknisse genug gibt, nicht durch quälende Dämone und Teufel, sondern durch sich selbst und gegenseitig quälende Seelen, die sich durch Zulassung austoben und nun am eigenen Leibe erfahren, wie das tut, was sie anderen angetan haben.

Namentlich der Krieg hat durch die vielen verübten Scheußlichkeiten diese Hölle stark bevölkert, und es bedarf aller Aufmerksamkeit, oft schroffen Eingreifens der höheren Geister, die sozusagen als Gefangenenaufseher fungieren, um solche besonders rabiate Seelen zur Vernunft zu bringen.

Es ist auch nicht jeder Geist auf höherer Stufe für solche Arbeit geeignet, ebenso wie man auf Erden nicht jeden gebildeten Menschen auf einen derartigen Posten würde stellen können. Es gehören besondere Eigenschaften, eine große Energie, ein ganz besonders festes Vertrauen und wenn es sein muß eine bestimmte Härte dazu, um dauernd, das heißt längere Zeit, einen derartigen Posten zu bekleiden. Es eignet sich nicht jeder Mensch zum Kriminalbeamten, dazu gehört außer den Charaktereigenschaften auch Liebe zu diesem Beruf, die nicht jeder empfindet, gar nicht empfinden kann, weil seine Fähigkeiten in anderer Richtung liegen. Ich zum Beispiel kann es nicht, wenn ich mich auch nicht scheue, ausgerüstet mit der Kraft des Herrn in die tiefste Hölle zu steigen, um irgendeine Seele zu retten, – aber *dauernd* diese Regionen zu beaufsichtigen, wäre mir doch unmöglich. Meine Fähigkeiten, Ziele und Arbeiten sind eben andere.

Aus diesen Angaben erkennt ihr, daß in vielen Dingen das Jenseits gar nicht so verschieden von dem Diesseits ist, es gar nicht sein kann, weil die Verbesserung der Seelen, ihre Vollendung sich von dem Boden ihrer einst irdischen Tätigkeit gar nicht trennen läßt. Letztere ist immer der Grundstein, auf dem sich die Weiterentwicklung aufbaut; daher kann auch nach der Umwandlung, das ist der Tod eines Menschen, sein Ich sich nur so fortsetzen, wie es in dem Augenblick seines Ablebens sich gestaltet.

Das Drohende durch die Umwandlung ist aber, daß jede Maske fällt, der Vogel an seinen Federn erkannt wird und jede Heuchelei, Selbstbetrug, Beschönigung und Eigenlob in nichts zerfällt, *die Seele nackt und bloß in ihrer wahren, inneren Gestalt sich darstellt.* Darum heißt es auch: eure Taten folgen euch nach! —

9

Abschied

Meine Lieben, ich habe euch nicht mehr viel zu sagen, denn um euch im weiteren Kreise mitzuteilen, wie und in welchen Zuständen ich nun meine Verwandten antraf, ist nicht der Zweck meiner Kundgebung, es soll euch nur gezeigt werden, wie man auf Erden sein Ziel verfehlen, es aber doch im Jenseits erreichen kann, wenn man seinem Gott und Herrn nur treu anhängt. Nur Nachfolgendes habe ich noch zu sagen.

Ich fand mein Haus bald als zu klein und mußte daran denken, es zu vergrößern. Nun, wie das geschieht, wußte ich ja und folgte auch dem bekanntgegebenen Rezept.

Der Bau erweiterte sich, und bald besaß ich ein Haus, das dem Thiemes nichts nachgab. Auch Thieme fand sich wieder bei mir ein, freute sich über mein

Fortschreiten und zeigte mir einige Fehler, die mir doch unterlaufen waren und darin bestanden, daß mein Wollen sich nicht immer ein bis in das kleinste klare Bild gemacht hatte, so daß dadurch der Aufbau nicht durchgängig solide genug war. Da ihr nun wißt, *daß das Äußere nur ein Abbild des Inneren ist,* so wurde es mir auch nicht allzuschwer, das Innere meines Wesens entsprechend zu verbessern und damit die äußerlich sichtbaren Fehler ebenfalls. Es entsprechen diese Schäden auch dem Innern und werden dann erkannt als Fehler eigenen Wollens.

Es ist auch nicht nötig darauf hinzuweisen, daß ich meine Absichten auch durchführte, denn der Wille des Herrn lebt in mir, und mein Wollen will nichts anderes als seine Erfüllung. Ich bin glücklich in der Ausführung meiner übernommenen Pflichten, sehe jetzt diejenigen um mich, die mir lieb und wert waren auf Erden und in meinem früheren Dasein, bereit, dem Herrn allein zu dienen, Ihm zu folgen und Seine Gebote restlos zu erfüllen.

So habe ich jetzt erreicht, was zu erreichen unsere Lebensbestimmung ist, und diese soll jeder Mensch, der von der Erde abscheidet, auch erstreben.

Mehr zu sagen, ist mir jetzt nicht vergönnt; denn wüßtet ihr genau unser Leben, könntet ihr nur eine Sekunde lang die Freude und Wonne des Jenseits verspüren, es wäre euch unmöglich, länger im Diesseits zu verweilen.

Keiner fürchte sich vor dem Übergang, keiner aber sehne sich eher nach diesem, bevor in ihm nicht die volle Überzeugung erwacht ist, daß er restlos alle seine Pflichten erfüllt hat und wahrhaft die Zeit seiner Abberufung genaht ist.

Überlaßt die rechte Stunde dem Herrn allein, dann könnt ihr auch eines freudigen Wiedersehens, eines frohen, arbeitsreichen, aber in jeder Beziehung herrlichen Zusammenlebens mit euren Lieben gewiß sein. Dazu verhelfe jedem die Liebe unseres heiligen Vaters in Ewigkeit, den wir erkennen als Jesus Christus, den Heiland aller Seelen, den Tröster aller Leidenden, den Führer aller Gerechten und den Schöpfer aller Dinge. Amen.